JN439816

퇴고가 필요한 날

김병걸 시집

시인동네 시인선 197

김병걸 시집

퇴고가 필요한 날

시인동네

시인의 말

잠 안 오는 밤 있습니다.
생각이 첩첩할 때면 긁적이는 말 있습니다.
정리 못하고 더듬거리는 질문 있습니다.
어라! 어라!
가는 세월이 보이는 나이가 되니
얄밉게도 세상이 더 또렷해지고
내가 한없이 작다는 사실에 부끄러워집니다.
그 부끄러움들을 모아
여기, 옮겨봅니다.

2023년 1월
김병걸

차례

제2부

제3부

제4부

제1부

디버깅

두음법칙도 모르고 말하다가
혀만 꼬였다

마음속에 남는 박자로 음표를 그리다가
노래만 날렸다

건성으로 덤빈 하자가 부지기수라
숨을 곳을 찾지만
사방이 유리벽이다

퇴고가 필요한 날이다

---

* 디버깅(debugging): 프로그램에서 에러를 찾아내는 일.

사랑

사랑은 날마다 부적을 쓰는 일

동티날까 봐 둘이서만 아는 문장을 쓰는 일

눈대중 안 해도 납득이 가는 단어만 골라
감탄사를 찍는 일

답장

두서없이 삽니다
그래도 삶이라고 위로해 주신다면
접힌 것과 구겨진 것들을 꺼내
보기 좋게
정리 한번 해보겠습니다

겨울 안부

1.
낙원악기상가에서 켤 줄도 모르는 첼로를
한참을 바라보다가
낮게 깔리는 그녀의 기침 소리 같은 겨울을 만난다
봄이 오기도 전에
수유꽃이 피기도 전에
붉은 꽃잎을 쏟아놓고
먼 길 떠난
그녀가 거기 앉아 있다

2.
교보문고에 들러 시인들에게
밥이 못 되는 시를 먹고
어떻게 사냐고 물어본다
시가 사치할 때 나라는 가난해진다는 걸
누구에게 따져야 하냐고 물어본다

3.

일이월 두 달은 야무지게 기록하다가
어디 둔지도 모르는
다이어리북을 또 산다
작년에는 보지 못한 '기록보고함'이라고 푯말을 단
일기노트 코너에서
끈기 없는 나를 확인하곤 웃는다
이맘때면 늘 같은 모습과 각오로 서 있는
나를 버리지 못하고
슬그머니 데리고 나온다

4.
나라 구한 이순신의 거북선 앞에서
몇 년을 살다 간
세월호 막사를 떠올리며
편 가르기 정치만 남은 광화문 광장을 건넌다
벽으로 막아버린 광장에 갇힌 저 안이 궁금하지만
영하의 겨울 안부를 누구에게 물어야 하나
바람도 뒤꿈치를 들고 날아가는 경복궁 너머

푸른 기와집도 세종대왕도 광화문도 대답 않는
이 나라의 겨울 안부를

빈 지갑

반으로 접은 지갑
내 인생도 진즉에 반은 접었구나
생전에 어머니께서 신신당부하며 간수하라던
부적 한 장을 십수 년째
지갑 맨 안쪽에 숨기고
아내한테 뺏긴 체크카드 대신 지폐 몇 장을
숨도 못 쉬게 얹고
비루한 내 가난까지 반으로 접는다
내가 부릴 수 있는 체면과 용기
그 사치는 어디까지가 용서될까
오늘따라 빈 지갑이 일탈을 조른다
그러고 보니
돈 쓸 일 많은 날이다

하심(下心)

꽃들은 보내는 계절 속에
자신을 밀어 넣는다

본 것과 엿들은 소문까지 숨기지 않고
땅에다 내려놓는다

무용(無用)한 때를 헤아려
준비하는 꽃들의 자세는 얼마나 경건한가

더는 발원(發願) 말자
지은 허물 많아 엎드릴 무릎조차 없는데

눈먼 내가
무얼 내려놓을 수 있단 말인가

수의(壽衣)

수의에는 주머니를 안 단다
주머니에 뭘 넣고 가는 망자는 없다
이승의 것은 구차한 말이라도 다 놓고 가라고
주머니를 안 단다

부음을 받고
수의를 입고 누운 관 앞에서
어이 어이, 곡을 한 뒤
내가 넣고 갈 무언가를 생각해본다

이승에서 진 빚 너무 많아서
저세상 가서라도 갚아야 하니
훗날
내 수의에는 주머니를 달아달라고
꼭 말해야겠다

마당

민들레 캐내니 질경이 살고
질경이 뽑아내니
동무들 잔뜩 부른 개망초 마구잡이 피고
안 보이던 돌멩이가 기를 쓰고 머릴 내미네
그래 마당이니까 누군들 못 오니
뛰어놀든 자빠지든 마당이니까
쫓아내도 달려드는 쇠비름
그 옆에 불쑥 자란 개복숭나무
그래 마당이니까
다들 수작 거는 마당이니까
다들 자리 까는 마당이니까

대저 마당의 주인은 누구던고
풀이든 나무든 길고양이든
무슨 상관이랴
객과 주인의 경계가 무너진 초옥
내버린 마당은 얼굴을 잃어가고
빈 바람 가물대는 툇마루 밑 섬돌에도

벗겨진 고무신 같은 쑥잎이 돌아
세월의 무상함을 흔들고 있네

다녀가든 눌러앉든 마당이다

수평

낮은 곳을 채워
땅의 수평을 유지하는 물처럼
사람에게도 눈물이라는 것이 있어
낮은 가슴을 채워
서로의 갸륵함을 건진다

기울거나 해지지 않는
물 같은 사랑이 세상을 적신다

거기 훙건히 피고 자라는
나무와 꽃의 가지런한 평화
더는 낮은 데 없는 수평을 위해
사람들은 안간힘을 쏟는다

포장

세상이 포장하는 상자 안에
나도 들어 있다는 사실에 안도하자
되도록이면 옮기기 쉽게
나를 명료하게 만들자

모든 생각은 내가 붙이는 우표
세상이 소인(消印)을 찍는다

상자 안의 물건만큼 평가되는 포장은 없다
그럼에도 나는 열심히 포장을 한다
혹여 놓치는 이유나 가치의 우려 때문이다

그 노력이 곧 포장이다

법어(法語)

눈에 보인다고 가지려 한 적 없고
귀에 들린다고 담으려 한 적 없으니
내 안의 나를 볼 법도 하련만
여태도 까막눈이니

만고(萬古)의 진리 속으로
초연히 걸어간 큰스님이야말로
안팎이 여여(如如)하였으리라

능소화

담 밑에 까치발 든 능소화
안에서는 저 담장도 못 넘느냐 성화고
밖에서는 거기 있지 주제넘게 왜 넘어왔냐고 난리인데

엉큼한 년,
지나는 바람에 엉덩일 사정없이 내어주고 있네

쑥부쟁이

〈유리벽 사랑〉을 히트 친 가수 박진도가
벙어리 악보 하나를 내밀기에 입힌 가사가 〈쑥부쟁이〉다
무슨 동기나 근거가 있는 제목은 아니고
한번쯤은 등장시켜야 할 꽃말 같아서 써본 가사다

"김 선생, 쑥부쟁이가 뭐요?"
"낸들 아남. 그냥 끌어 온 이름이야."
"그대 고향 진도에서 마구 자라는 꽃이겠지. 그대가 모르는 이름의 꽃은 다 쑥부쟁이 아니겠어? 이왕이면 순정 참한 전라도 가시내라 생각해도 무방하고……"

맺지도 못할 인연이면
사랑했단 그 말만은
당신 혼자 안고 가오
다 꺼내면 그 눈물 어쩌려고
나중에 어쩌려고*

내가 써놓고 봐도 그럴듯하다

4/4박자 단조의 트로트다
여름부터 가을까지 피는 여러해살이 권영초

어이 진도!
자네도 일년초가 아닌 여러해살이 쑥부쟁이 되소
그래서 해마다 분내 나는 꽃잎 층층 매달고
보는 이 마음 낭창낭창 흔들어 보소

---

*가수 박진도의 노래 〈쑥부쟁이〉 가사 부분.

석류

삼키지 못하고 입 안에 물고 있던 말
혹시라도 흘릴까 봐 조심했다
진즉에 주지 못한 연애편지마냥
너에게 닿고픈 마음
가슴 들볶다 울고 말았다

토마토

나는 토마토가 좋다
덜 익었으면 덜 익은 얼굴이라고
거짓말 않는 토마토가 좋다

긴가민가하는 사람의 마음도
토마토였으면 좋겠다

떠중이

고봉밥처럼
들마루처럼 넉넉한 잔치에
너는 어중이 나는 떠중이
한편 먹은 적 없는데 패가 되고 짝도 되네
불청객 있는 세상은 없다며
고봉밥이 되고 들마루가 된 사람들

어중이면 어떻고 떠중이면 어때
내가 있어 세상이 있는 거라며
내가 있어 잔치도 있는 거라며
주인과 객이 한 몸 되는 날
권커니 잣거니
어중이들 상다리 휘어지면
고주망태기 떠중이 오지랖은
한 뼘 더 넓어지네

공존

산비탈 고구마밭은 다섯 고랑
장마 때 딱 한번 가봤다
개망초며 바랭이 달개비까지
잡풀도 함께 살라고
세상은 섞여 사는 거라고
뽑지 않고 여름 내내 두었다
맘씨 좋게 두었는데도
고구마가 실하다
고랑 한 줄은 캐지 않고 두어야겠다
멧돼지도 먹으라고 그냥 두어야겠다

두 마음

누가 올지 모른다며 처마 끝에 등 걸고

누가 오면 어쩔까 봐 문고리에 숟가락 걸고

제2부

세상 오래 살수록

세상 오래 살수록
사는 법도 쉬워지고
시(詩)도 쉬워지고 짧아진다
말을 줄인 탓이기도 하지만
굳이 긴 설명으로 거래할 상대가 줄었기 때문이다
일테면
꽃이 왜 피고 져야 하는지 설득해야 할 이유를
마르고 닳도록 다 말했기 때문이다

세상 자꾸 살수록
아부할 힘도 딸린다
놓아야 하는 절망이 그나마 있다면
그걸 희망이라고 말하자

탱자나무

그만 잊겠노라고
마음 접은 가시 같은 사람 있습니다
떫은 탱자처럼 입술 얹다가 뱉어버린 이름 있습니다

누구도 건드리지 말라고
내가 붙인 가시가 무성히 자라
내게 오지 못한 사람 있습니다

그러고 보니 그 사람이나 나나
둘 다 탱자나무였나 봅니다

맹지(盲地)

지적도에
드는 길도 나가는 길도 없는 집
시세를 묻지 않아도 되는 집
맹지에 가둔 나라는 집
옆 땅에서 나를 사야
등기를 치는 집
앞뒤 꽉 막힌 맹지가
나란 걸 모르고 사는 게
자랑도 아니지만
수치(羞恥)도 아니다

시를 쓰면서

시를 쓰면서
세상에 붙일 말을 찾았다
그간 내 앞가림에 무심했단 말
그만 나를 용서해 달라는 말

시를 쓰면서
우아하게 늙게 해달라고 기도했다
나를 붙잡은 교만과 거짓을 알게 되었다

시를 쓰면서
사랑하는 법을 배웠다
사랑하려면 나를 버려야 한다는 것과
그 사랑이 가자는 대로
나를 옮겨야 한다는 걸 알았다

시는
입 안에 굴리는 사탕이 아니라
두부를 만들 때 간수나

식혜의 엿기름이어야 한다는 걸
이제야 알았다

꽃병

놀고 있는 꽃병이 생각나
꽃집에 들러 아무 꽃이나 샀네
꽃 이름은 꽃병에 꽂지 않았네
벌써 두 주 지나
꽃병에 물도 말랐네
다 피운 꽃을 지키려고 애쓴
꽃병의 마른 눈물
향기 엷은 꽃이 날리는 눈물 너머로
접혀진 페이지가 있네
거기 촉촉한 꽃말이 빼곡하네

낮게 사는 나무

키 큰 나무가 말했다
멀리 보는 것도 눈 아프다고

지나가는 바람이 거드는 말도 새겼다
낮게 사는 나무가 똑똑하게 사는 거라고

나서지 않고
따지지 않는 키 낮은 나무가 되어
없는 듯 사는 거라고

산다는 건

산다는 건
세상에 나를 내어놓는 일
그래서 반듯해야 하는 것

산다는 건
길게 설명하지 않아도
남이 나를 쉽게 알아보게 하는 일
그래서 나의 위치와 모습을
숨기지 않고 꾸미지 않고 세우는 것

산다는 건
나의 모자람과 넘침을
채우고 덜어내는 일
그래서 게으름과 교만을 경계하는 것

산다는 건
나도 꽃이고 별이란 걸 알아내는 일
그래서 설레는 향기와

초롱한 빛을 하늘과 땅에
힘껏 던지는 것

60대

들킬 일 좀 생겼으면 좋겠다
숨길 것 좀 있었으면 좋겠다
저지르지 못하니 수습할 걱정도 없다
누구도 거들떠보지 않는 시간이
봄 강물에 복사꽃 흘러가듯 간다

뜬금없는 일 좀 있었으면 좋겠다
변명할 일 좀 생겼으면 좋겠다
인생이 60부터란 말이
야무진 헛소리란 걸
나만 들은 걸까

이겨야 할 승부도
지켜야 할 자리도 호기(豪氣)도
놓고 살아도 되는 60대
멀찌감치 간
변방(邊防)살이가 편하다는 걸 알겠다

형제

가난했던 시절엔 동생네 식구들과
미사리 강둑에 나가 삼겹살도 구웠다
한 평 남짓한 은박 돗자리에
형제의 우애도 깔았다
형제의 우애는 한 평이면 족했다

빨간 풍선을 자동차 백미러에 매달아 놓고
잔칫집 분위기를 붕붕 띄웠다
촌놈이 서울 와 이런 호사(好事)도 누리는구나

내 새끼도 조카들도
그날의 따스했던 가난을 까맣게 잊었겠지만
이 무슨 풍경이냐 아우들아
우리 다시는 돗자리 깔 일 없는
남이 되고 만 거니
삼겹살 구울 일 없는 추억되고 만 거니
이 무정한 간극을 만든
못난 형을 무디 용서해다오

오동나무

아파트 뒤 자투리 돌무지 공원에
저절로 자란 오동나무
흙 한 줌 못 가진 뿌리가 안쓰러워
바람 불 때마다 지켜보네
부실한 나무가 열매를 많이 매단다는
그 말을 증명이라도 하듯
오동꽃도 수만 송이
동쪽으로 굽은 허리 곧추 세우지 못해
저러다 쓰러지면 못 일어나겠지 걱정되어
관리사무소에 가서 전지를 부탁할까 했는데
언제부턴가 서쪽으로 가지를 하나 내더니만
그 가지에 온힘을 준 걸까
아 저 균형
드디어 나무가 수직을 유지하는 균형을 잡았네
동이든 서든
어느 한쪽으로 쏠리지 않는 균형을
좌우가 극명한 이 광화문에서
세상의 정직을 오동나무가 맞추고 있네

말 못하는 저 오동나무가
스스로 살점 베어내어 기우는 한쪽을 보태고 있네
열여섯 살 된 스페이스본 아파트 105동 뒤
자투리 돌무지 공원

예천읍

골목이 심심하다
뛰어노는 아이들이 보이지 않는다
약봉지를 든 할머니들만 보인다
만화방도 레코드샵도 문방구도 사진관도 안 보인다
살 사람도 없는 땅값만 올랐지
사람이 안 보이는 예천읍
그런데도 작년에 지은 군청은 대궐이다

한천은 전보다 맑다
사람이 맑아서가 아니다
흰소리도 생트집도
몰래 버린 욕지거리조차 구경 못하기 때문이다

황당무계

세월 가는 게 보이는 나이 먹고도
속수무책 사네
엄벙덤벙 살지 말자고 나를 채근하면서도
건성건성 사네
도모(圖謀)한 일 없으니 궁금할 리 하나 없는 세상
여우같은 년만 살금살금 살고
족제비 같은 놈만 날쌔게 사네
나만 황당무계 사네
사는 날이 미련하네

가을 기도

익을 건 다 익으셔요
밟히지 않고 꺾이지 않고
단물 문 여름도 무사했으니
보란 듯 자랑해야지요
여러분은 이 가을에 당당할 자격 있습니다
그러니 익을 건 익으셔요
보기 좋게 다 익으셔요

떨어질 건 다 떨어지셔요
그간 매달려 있느라고 애쓰셨어요
지금입니다
손을 놓아도 됩니다
다칠 일 하나 없으니 내려오셔요
성한 몸 감사하면서
씩씩하게 내려오셔요

보낼 건 다 보내셔요
어차피 보낼 거라면

날이 더 추워지기 전에 보내셔요
새벽이슬도 마른 풀잎에는 앉지 않습니다
봉두난발 바람도 기우는 가지는 피해서 간답니다
가을 기도는
붙잡지 않고 보내는 겁니다

어느 날

억새보다 못한 질경이라도
민들레보다 못한 억새라도
질경이보다 못한 민들레라도
어느 날은 드높던 함성이었다
휘날리던 깃발이었다

살아온 날만큼의 때 묻은 얼굴과
고래고래 고함치다 쉬어빠진 목소리로
이제는 그만 밝히자고
이제는 그만 꺾이자고
국어도 산수도 자연도 도덕도 덮고
무슨 죄라도 지은 양
살그머니 나를 내려놓는다

기일

나만의 언어로
나만의 눈물로
나만의 그리움으로
늘 거기 서 계신 어머니

오늘따라 달이
왜 저리 밝은지요

대오(隊伍)

저 대오 속에 나도 끼어 있을까

암만 생각해도 보이지 않는데

세상은 나보고 낙오자라고 하네

첫사랑

세월에 묻어버린 얼굴은
그냥 두는 편이 낫다
때로는 보는 것보다
생각이 더 온전할 수 있다
내가 그린 그리움이 다치지 않으려면
만나지 말아야 한다
오동꽃이 바람에 떨어지던 날
시계탑 밑에 선 늙은 여자가
그녀가 아니길 바라면서
숨어서 한참을 보다가
조용히 돌아섰다

가수

악보 위에서 살지만
음표대로 산다고는 자신 못한다
베이스와 드럼이 내 호흡을 이끌지만
박자대로 산 날이 며칠이나 될까
어느 대목에선 반 박자 늦고
어느 마디에선 기우는 음정으로
부끄럽던 무대
익숙한 건 어디에도 안 보인다
숨길 재주 없는 NG
관중들의 박수가 클수록
나는 나의 거짓 속으로 가라앉는다

제3부

달맞이꽃이

달맞이꽃이 불쌍하다 하여
하늘에다 심을 순 없지요
저 골목만큼은 외등이라도 달아주고 싶지만
그러지 못하는 이유가 필경 있지요
내가 사는 동네가
하늘 아래 첫 동네이길 바라지만
그래서 제일 깨끗한 눈을 받길 바라지만
아무려면 어때요
왕겨 날리는 닳고 닳은 정미소 마을이라 해도
사람들 때 안 묻었으면 첫 동네지요
법은 몰라도
사람 귀한 줄 알면 다 용서지요
해바라기꽃이 밉다 하여
땅에다 안 심을 수는 없지요

곶감

감이 감나무를 떠나야 오래 산다
덜 익었을 때
사람이 따서 껍질을 벗겨줘야
이듬해까지 목숨을 부지한다

나도 나를 매단 이 가지에서
누군가가 데려가
나를 홀딱 벗겨주었으면 좋겠다

우체통을 봐도

우체통을 봐도
아무 감정 없으면 다 산 겁니다
연애편지 한 통 부칠 곳 없는 사람이
무슨 말을 적을 수 있겠습니까

하늘이 푸르면 잊었다가도
비 오는 저녁답이면
들킬까 봐 몰래 불러보는 이름
지워진 발자국이니 찾지 말라고
이리도 굵은 비 주룩주룩 내리는 겁니까

편지만큼 순수한 날은 가버렸지만
우체통만 보면
까닭 모를 눈물이 나는 연유를
누구에게 물어봐야 합니까

심심산골로 산다

문패도 번지도 없는 집에서
고지서 안 날아오는 집에서
부고도 청첩장도 안 오는 하루를 살고 싶다
수유꽃이 피면 봄인 줄 알고
기러기 줄지어 날면 가을이 가는 줄 알자

억새처럼 잘근잘근 살 이유도 없으니
호롱불처럼 가물해질 그날까지
언문도 지우고 염치도 버리고
아무 데서나 잘 크는 곰보배추처럼 살자

지붕이야 새든 말든
등 붙일 구들장만 성하면 되는
꼬부랑 할매로 살자

산다는 것은 지붕 없는 일보다 쉬운 일
재개발조합에서 측량 뒤 남는
임자 없는 자투리땅처럼 살다가

재바른 누군가가 등기 치면
그 집 땅으로 살면 될 일

세상은 다 심심산골이다
도회진 척 까불어 봐도
구름 띄운 하늘 몇 겹 지나
산도라지 절로 피는 골짝 몇 번 지나
고염나무 휘어진 심심산골이다

나만 대낮 같은 가로등 밝히고
문패 단 집에 다람쥐 대신 반려견 키우며
고지서나 청첩장 안 오면 불안해지는
심심산골로 산다

폭설

무슨 말을 더 하라고
이리도 펑펑 눈이 내리냐 말이다

편지

주소도 안 적고 소인도 안 찍힌
편지 있습니다
부치지 못한 말이 겉봉투에 붙어
너덜너덜해진 마음 있습니다

우체국 앞을 지날 때마다 부끄럽습니다
용기 못 낸 고백을
우체통에 넣고 오는 날은
눈물 같은 비가 옵니다

만대루(晩對樓)

병산서원에 오면 이런 생각이 든다
만대루서 건너다보는 병산이 병풍치고는 너무 높다는 생각
발아래 낙동강이 유속을 늦춘 까닭이 궁금하다는 생각
서원으로 드는 길이 비포장인 게 이해가 안 간다는 생각
배롱나무는 누구 대신 얼굴 붉히고 저리도
열심히 섰는지
강당 밑 코딱지만 한 저 방에서 하룻밤 자봤으면 하는 생각
이 서원에서 나도 유생이 되어
만대루에 올라본다
학자로 남든
벼슬길에 오르든
그도 아니면 필부로 살든
서애의 뒤꿈치가 되어
만대루에 오른다

산목련

산목련이 지는 걸 한나절 지켜본 적 있다
뻐꾹새가 울면 목련나무는
한 잎 한 잎 꽃을 날린다는 말을 듣고는
목련나무 아래 앉아서
정말 그런지 확인하고 싶었다

그날따라 바람 한 점 없어 기대를 잔뜩 했는데
앞산에서 뻐꾹새 울음소리가 목련나무를 흔들었고
나만 본 걸까
하얀 목련이 눈처럼 날렸다
나중에 안 일이지만
뻐꾹새 울음은 환청(幻聽)이었다
이처럼
내가 믿고픈 환청은 곳곳에 있다
바라면 들어주는 세상이 환청이라는 것과
목련나무가 나라는 걸 알았다

외등

금잔화를 닮은 여자가 살던 골목에
오후 여섯 시만 되면 외등이 눈을 뜬다
서울 말씨보다 더 깍쟁이인 사투리로
하숙을 치던 아주머니
함석 간판들이 바람에 일렁이던
밭이랑 같던 그 골목
지금도 여전한 외등은 나였나 보다
내가 상경하여 친척집에 몸을 의지하던 그 시절
신당동은 동네 이름도 가지가지로
약수동 산꼭대기까지 지번을 넓히며 북적거렸고
직장 못 구해 하릴없던 나는
촌수로는 열촌쯤 되는 병휘 형과 기원으로
만화방으로 영역을 옮기며 빈둥거렸다
허무한 한나절이 끝나면
여느 노동자처럼 외등이 켜진 골목으로
기어들어 와 변방이 된 나를 연민했다
어떤 때는 외등이 나 같아 눈물 났고
그럴 때마다 이 외딴 서울에도

나의 골목도 있느냐고 물었다
어떤 때는 저 외등이 아들을 기다리는
어머니 같아서 더 슬펐다

일장 연설

국회의원 여러분에게 묻습니다
여러분의 가슴에 건곤감리 태극기 있습니까?
애국가 4절 들어 있습니까?
도망갈 수 없는 여러분의 강산에도
무궁화 씩씩하게 피고 있습니까?

산이 언제

산이 언제
내 눈에 얹히는 높이로 선 적 있는가
산이 언제
내 등에 업히는 넓이로 누운 적 있는가
이마를 맞대고 싶은 사람이
산보다 멀리 있어 슬픈 저녁
산이 되지 못하고
강이 되어 흘러간 얼굴들을 떠올린다
사람의 목숨이 참 질긴 거라 생각하다가도
욕된 삶 아니면 얼마나 찰나냐고
강이 되어 흘러간 사람과
눈물의 가지 끝에 져버린 꽃잎 같은
세월을 소환해 본다
산이 언제
내 안에 들어왔다고
서지도 눕지도 못하는
가슴을 세우고 골짜기를 만들려고 하는가

나를 반성합니다

어젯밤에 뜬 그 달이
오늘 밤에도 뜬다는 걸
인정하겠습니다

송아지가 자라 송아지를 낳고
오이 가지에 오이가 달린다는 걸
인정하겠습니다

삶은 추상화가 아니라
본 대로 쓰는 수필이라는 걸
인정하겠습니다

내가 속한 어딘가에
회비는 안 거르고 냈는지
가끔이라도 얼굴도장은 찍고 있는지
물어봐야 하겠습니다

옳은지 그른지도 안 따져보고

내가 동패한 세상이

이기기만을 기도한 나를 반성합니다

그 마을에는

동박새 안 울어도 동백은 피고
쑥국새 안 울어도 쑥은 쑥쑥 자란다
자랄 것은 자라고
질 것은 진다는 진리의 말이나
외로우니까 시를 쓴다는 시인의 말이나
그 말이 그 말 같은 오후
동구 밖에도 고샅길에도
알밤 같은 아이들이 무럭무럭 뛰어논다
그 마을에는 누가 말을 안 해도
때가 되면
어른들은 산으로 가고
아이들은 학교로 간다

집오리

집오리 있습니다
날개를 접고 사는 오리 있습니다
겨드랑이에 난 날개를 잊은 지 오래인
오리 있습니다
지켜줄 사람 많아서
집밖에 모르는 착한 새
이름은 오리지만
생각은 만리를 갑니다
이름은 비록 오리지만
사랑은 만리를 갑니다

수박

익어야 빨개지는 까닭을 물은즉
늙어야 부끄러운 걸 안다고
그러면서도 겉은
속을 모르게 해야 한다나

민둥산

산이란 산은 다 사람 말을 알아듣지만
그중 낮게 사는 민둥산이
제일 귀가 밝다
사람들은 속마음을 들킬까 봐
마을과 같이 사는 민둥산에서는
말조심을 한다
산이 자신의 몸 한 자락을 내려
세상에 발을 걸치거나
귀를 댄 민둥산
경박한 누군가가 흘린 말이
메아리가 될까 봐
민둥산엔 나무들조차 키를 낮추고 산다
낮게 살아야 오래 산다는 걸
산이 알고 나무가 알고
하다못해 이따금씩 들리는 바람도 안다
안타깝게도 사람들만 모르고 산다

전라도 여행

세상이 더는 궁금할 것도
바쁠 것도 없는 나이가 됐는데
아침이 설레고
저녁이 쓸쓸한 건 무슨 욕심인가
지난가을 제자들과 전라도 여행 가서
구시포 명사십리 저문 바닷길도 걸어봤고
고창 군수까지 대동하고
모양성 동헌에서 사또처럼 앉아도 봤다
동백이 하늘 받든 선운사 뒷산에서
동무들에게 함께 와서 고맙다는 인사도
꽃잎에 매달았다
산다는 일이
여행처럼 쉽다면 얼마나 좋을까
미당의 초옥 벽에 걸린 시 동천(冬天)을 읽고
과꽃이 지는 운동장
선생의 한가한 기념관도 관람했다
이곳이 한때는 함성 날리던 초등학교였듯이
나의 지나간 날도 그러했던가

예순여섯의 겨울 복판에 서서
어제 내린 눈으로
지우지 못한 말 말끔히 씻고
내일은 나도 너의 편이라고 말할 수 있는
길동무들 불러 모아
눈처럼 깨끗한 마음 건네주고 싶다
선운사 동백보다 더 붉은
내 순정을 주고 싶다

확실한 사실

노인네만 사는 마을엔
녹슨 연장만큼 바랜 추억이 버려져 있다
여전한 건 달과 별이
안마당을 뒹굴고
비 맞은 들마루가 주인을 기다린다는 사실
찢어진 문풍지를 달고
반쯤 열린 안방 문이
빼꼼히 나를 내다보고 있다는 사실
더 확실한 건
내가 왔다는 걸 기막히게 알고
꿈에서도 안 보이던 어머니께서
마실 갔다가
눈물 묻은 눈으로
내 뒤통수를 가만 가만 보고 있다는 사실

제4부

떠중이 심사

큰 뭣이라도 두고 온 양
다신 못 볼까 봐서
대구 오면 서울 생각에 잠 못 이루고
여수에 오면 대구 생각이 삼삼하니
어딜 가든 맘 붙이지 못하네

역마살이 낀 내 유랑의 청춘을
누구한테 하소연하고 날밤을 새우랴

동칙손(動則損)을 알면서도
이리 갈까 저리 갈까
만 가지다

어중이도 못되는
떠중이 심사

고립된 날의 자유

내 안에 섬이 있다
누구도 간 적 없는 섬으로
나를 데려간다
나이도 이름도 출신도 모습도 지우고
버릴 수 있는 건 죄다 버리고
어디 멋대로 살아보라고 나를 방목한다
빨리빨리란 말
차근차근이란 말
오른쪽에다 붙일까
왼쪽에다 던질까
고민할 이유도 겨를도 없다
일어나야 아침이고 누워야 저녁이다
완전한 자유는 고립이다
그 등식을 위해
날마다 나는 섬으로 간다

발걸음

아직은 한참을 더 걸을 수 있습니다
헛걸음은 내가 붙인 평가일 뿐
발품은 그럴듯한 이유로 부지런히 팔렵니다
뒷걸음도 더러 있습니다만 잊을랍니다
아직은 한참을 더 걸을 수 있으니까요

사진

이보다 더 정직할 순 없다
속내를 감추었다고 생각하면 오산이다
사진은 풀잎 냄새며
그 풀잎을 깨운 바람까지도 찍는다
카메라에 담는 건 사진작가의 마음이다
다 담을 수 있어도
필요한 만큼만 담는다
교직을 퇴직한 형이 사진작가가 되어
전국을 유랑한 지도 어언 8년
역사 선생답게 주관적으로 세상을 인용하지 않는다
보이는 대로가 객관이다
어떤 이는 부적 같은 소원을 찍고
어떤 이는 논문을 찍고
어떤 이는 무당의 주술을 찍고
또 어떤 이는 자신만의 에세이를 찍는다
명징한 그 무엇을 찾기 위해 각을 잡지만
표준어가 아닌 사투리로 찍히기도 한다
사진은 보는 사람의 동의를 구하지 않는다

어차피 추상적일 수밖에 없는 객관을
인화하는 순간
사진은 또렷한 글이고 노래가 된다

대기막사

개구리복을 입고 제대를 코앞에 둔 병장이
갓 전입해 온 이등병 놀리기에 바쁜 침상 끝으로
취침나팔 소리 바쁜데
지겨운 짬밥도 그리운 날 있을 거라며
관등성명 대신
전우들이 선물한 탄피도장을 목에 거는
대기막사

원해서 군대 온 놈 없으니
군번도 계급도 짬밥도 내려놓고
사회 나이로 따져보자는 애기 아빠 이일병과
유격대 세 번이나 갔다 온 세월은
어디서 찾아 먹냐는 김병장의 설전이
야자타임에도 결판 안 나는 대기막사
불침번 없이 소등한 내무반에도
어김없이 국방부 시계는 돌아간다

사람도 나무

토씨 하나 안 틀린 문장을 매단 저 나무
누군가가 읽어주지 않아도
향기 나는 꽃잎을 엮어
시가 되고 노래가 되네
점 찍듯 바람이 와서 음표를 달아주고
부지런도 하여라 밤에도 달빛이
때로 별들이 연주하네

사람도 나무려니
명찰을 매달고 이름을 알리라고
입술을 주네
나처럼 꽃잎을 매다는 누군가에게
꽃잎보다 더 향기로운 눈물과
그 눈물 머금은 눈길을 주라고
천금의 시간을 가지 치며
그늘이 되고
비를 가리는 처마가 되네

여지(餘地)

오지 않는 막차는 기다리지 않겠다고
맹세하지만
잊은 지 오래라고 말할 용기 차마 못 냅니다

안개만 모르네

사는 동안
단 한 번도 내가 나를 떠난 적이 없네
그렇다고 나를 다 가지지도 못했네
내가 안고 내가 바친 사랑
그중 어느 한 가지도 내 것이라
말할 자신 없네
아, 안개만 모르네
세상이 내게 보여줬어도 보지 못하네
내 눈과 귀 너무 작아서
너무 흐려서
안개만 모르네 세상이 밝다는 것을
나만 모르네
안개인 나만 나만

군대 얘기 나오면

군대 얘기 나오면
나보다 더 고생한 놈 없고
나보다 더 끗발 센 놈 없었다
쫄 것도 잴 것도 없는 누구나의 삼 년을 두고
나만 열외였다고 우기는 군대 얘기

낮은 포복이 끝나면 뒤로 취침하는
철조망 통과가 코스였던 시절
국방부 시계도 내 세상이었고
두고 온 첫사랑도
내 인생이었다

군대 얘기 나오면
훈련소가 있는 논산 쪽으로는 오줌도 안 눈다는 맹세도
소금반찬을 주어도 타박하지 않겠다던 그 다짐도
어언 옛말
계급장은 병영에만 있는 서열이 아니다
유격훈련은 사회에서도 있다는 걸 알면서

날마다 불침번을 선다
나라에 바치는 충성 말고도
지켜야 할 전선이 무시로 생기고
보초 설 밤이 많다는 걸 몸으로 배우는
인생 얘기는
더하면 더하지 군대 얘기 못지않다

인화(印畵)

세상은 나를 찍어 인화한다
봄보리가 쭈뼛 겨울잠에서 깰 그 무렵
벌교 지나 율포 백사장
바다가 내친 조개가 목만 내민
그 율포 바닷가에
어찌어찌하다 정 준 계집
닮은 입술과
쫄래쫄래 따라오던 발자국도
선명하게 찍혔다
고것 참
들킨 마음이며 찰박대던
파도 소리까지 빼먹지 않고
영글게도 찍었구나

지도 한 장

누구나 지도 한 장을 가지고 산다
나이가 들수록 지도도 바뀌지만
믿음은 세월도 어쩌지 못한다
누구도 끼어들 수 없는 은밀한 곳에
지도를 꽁꽁 숨기고
사람들은 영악해진다
하느님도 부처님도 점쟁이도
심심풀이로 보는 토정비결도
조선일보의 '오늘의 운세'도 지도다
지도가 용기라고 믿는 순간
개통밥도 훌륭한 지도가 된다

내 젊은 날

첫눈 같은 연애편지 쓰던 날 있었다
시대의 아픔이나 절망에 대들지 못하고
접은 분노 있었다
최루탄 한번 안 맞아보고 민주를 말할 자격 있냐는
친구의 열변에
그건 한가한 너의 주장일 뿐이라며 외면하던
내 젊은 날
밥이 되지 못하고 민주가 되지 못하고
연애마저 되지 못한 시(詩)를 우상처럼
떠받들고 살았다

세상은 늘 비탈지고
나는 가슴에 살얼음 한 장을 얹고
나를 일원으로 받아줄
인자한 세상을 찾아 헤맸다
내 청춘의 안은 어디였고 밖은 무엇이었을까
유배 온 세월도 아니건만
시는 여전히 아득하고

자성의 밤이 뜬눈으로 나를 추궁하지만
이거라고 말할 수 있는 건 여전히 하나도 없다
사치한 시에서
도망치는 나를 만날 뿐

아버지

마누라를 둘이나 둔 아버지
일본 땅 탄광 식당서 전표를 끊던 아버지
귀국하여 누에가 똥 누듯
인근 전답을 사 떵떵거리며
머슴까지 거느린 땅부자 아버지

6·25사변에도 그 땅 지키려고 피난 안 가
인민군에게 곤욕을 치렀던 부르주아 아버지
막내아들이 열넷 되던 그해
갑자를 살았다고 꽹과리 치며 동네 환갑잔치를 하고
역사를 마감한 우리 아버지

당신이 떠난 1976년 지붕 개량하려고
아래채를 걷어내니
용마루에 수십 개 비닐포대가 나오고
긴 흰 수염의 할아버지 그 지폐
라디오도 없던 동네
화폐개혁을 모르고 환전 못한 그 돈다발이

이십여 년 만에 세상으로 쏟아졌다

아 그러고 보니 내 어릴 적
큰 형수가 광에서 꺼내 주면 딱지치기했던
주인 잘못 만나 행세도 못해본 그 돈다발이
지붕에서 밀봉된 채 숨을 거두고 말았던 것이다
나는 아버지가 가슴 쓸며 쳐다보았을 지붕의 눈물을 생각했다

이 고장서는 제일 영글다던 아버지께서
라디오도 없던 동네에서 산 그 잘못 하나로
평생을 가슴앓이하며 숨겨두었던
환전 못한 그 지폐처럼
본향이 영양(英陽)인 세(世)자 광(光)자 어르신
당신 인생도 환전 못하고
예순하나에 파란 많은 생을 놓았다

마지막 날

세상이 내게 준 문장을 도로 돌려주며
나를 협박하던 문장에
밑줄이라도 쳐서 줄 걸 그랬나 자책한다
내가 세상을 버렸다고 선언한 날
똥도 못 닦는 시집을 버리며
아무도 알아주지 않는 울음주머니를
대문에 걸어두고 집을 나섰다
그리고 소리 내어 맹세했다
더는 운짐다는 일 없을 거라고

모퉁이 길을 돌기도 전에
도망 못 간 나의 목숨은 오랏줄에 묶였다

역마

선로가 굽어지는 어디쯤에서
앉은뱅이꽃으로 서 있다가
누군가의 기적(汽笛) 같은 꽃잎을 내뱉고
시간 맞추어 종을 치는
나의 역마(驛馬)

송해 선생님

인생이 뭐
밑줄 칠 만큼 대단한 문장인 줄 아십니까
천년만년 사실 것 같던 선생님의 부고
낙원동에 당신의 거리도 만들었고
두 군데에 흉상과
생전에 부른 노래 〈나팔꽃 인생〉과
〈딴따라〉 노래비도 세웠지만
취입실에서
"인생이 이거라고 이거라고 어느 놈이 말할 수 있어"
주먹 쥐시던 그 모습이
불현 생각나는 송해 선생님

해설

물음과 성찰의 시학

오민석(문학평론가·단국대 교수)

1.

김병걸은 시인으로서보다 〈안동역에서〉 등 무수한 히트곡의 작사·작곡가로 더 많이 알려져 있다. 오죽하면 반야월 같은 작사의 '신'이 김병걸을 일러 '김작사'라 불렀다는 일화도 있다. 그의 이름을 내건 〈김병걸가요제〉가 성대하게 열릴 정도로 대중문화에 대한 그의 기여도와 영향력은 실로 엄청나다. 그의 노랫말은 대중들의 삶 속으로 깊이 파고들어 가 그들의 환부를 건드렸고, 위로했고, 희망을 선사했다. 그는 고통과 욕망과 사랑의 성감대를 건드리는 탁월한 촉수를 가지고 있다. 그의 언어가 닿는 곳에서 고통은 더욱 고통스러워졌고, 욕망은 더욱 감출 수 없는 것이 되었으며, 사랑은 활화산

처럼 폭발했다. 그는 감성의 파동을 미세하게 포착하고 증폭하여 공적인 '사건'으로 만든다. 사람들은 그의 노래에서 사랑과 슬픔과 고통의 보편적 세계와 마주친다. 그는 흔하고 보편적인 것을 새롭고 특수하게 만드는 능력의 소유자이다.

이 모든 언어-능력의 배후에 '시인'인 그가 있다. 그의 시는 노랫말의 배후이다. 그가 쏟아낸 그 모든 아름다운 노랫말의 뒤안길엔 시의 세계가 보이지 않는 수원(水源)처럼 존재한다. 그는 보이지 않는 시의 정신을 노랫말에 투과해 가시적인 것으로 만든다. 이 시집은 작사가인 그의 등 뒤에 고즈넉하게 진을 치고 있는 시인의 세계를 보여준다. 이 시집엔 폭발 이전의 마그마처럼 웅숭깊고 뜨거우나 고요한 그의 내면이 웅크리고 있다. 그는 화려하게 각광 받는 노랫말의 이면에서 질문과 성찰을 던지는 외로운 시인이다.

꽃들은 보내는 계절 속에
자신을 밀어 넣는다

본 것과 엿들은 소문까지 숨기지 않고
땅에다 내려놓는다

무용(無用)한 때를 헤아려
준비하는 꽃들의 자세는 얼마나 경건한가

더는 발원(發願) 말자
지은 허물 많아 엎드릴 무릎조차 없는데

눈먼 내가
무얼 내려놓을 수 있단 말인가

—「하심(下心)」 전문

청년의 시간이 다가올 앞을 향해 있다면, 장년의 시간은 지나온 뒤를 향해 있다. 장년의 시선을 뒤로 미는 것은 어느덧 장년 앞에 불쑥 다가온 종말의 신호, 즉 "무용(無用)한 때"에 대한 자각 때문이다. 인간은 죽음을 경험하지 않고도 죽음에 대하여 사유할 수 있다. 이것을 하이데거는 "죽음에의 선구(das Vorlaufen zum Tode)"라 부른다. 죽음에의 선구 때문에 존재는 존재에 대한 질문을 던질 수 있다. 이렇게 "물음이라는 가능성을 가진 존재자"를 하이데거는 "현존재(Dasein)"라 부른다. 현존재는 죽음에의 선구를 통해 비로소 존재에 대해 물음(존재물음)을 던지며, 이를 통해서 "비본래적 존재"에서 벗어나 "본래적 존재"가 된다. 이렇게 존재가 자신의 고유한 존재로 돌아가는 것을 하이데거는 "존재사건(Ereignis)"이라 부른다. 위 작품에서 시인은 죽음에의 선구를 통하여 본래적 존재로 돌아가는 존재사건의 자세한 과정을 보여준다. 시인이 보기에 "꽃들"은 시간의 움직임에 철저하게 순종하는 존재들이다. 그것은 죽음에 이르렀을 때 모든 것을 바닥에 내려놓는다. 이 완벽한 순응이야말로 자연이 보여주는 경이로운 존재사건이다. 시인은 지는 꽃들을 통해 자신의 죽음을 선구하면서 존재사건의 궤도에 자신을 밀어넣는다. "눈먼 내가/ 무얼 내려놓을 수 있단 말인가"라는 마지막 연은 죽음을 선구한 존재가 던지는 존재물음이다. 이 물음을 통하여 시인은 일상의 비본래적 상태에서 벗어나 본래적 존재가 된다.

수의에는 주머니를 안 단다
주머니에 뭘 넣고 가는 망자는 없다
이승의 것은 구차한 말이라도 다 놓고 가라고
주머니를 안 단다

부음을 받고
수의를 입고 누운 관 앞에서
어이 어이, 곡을 한 뒤
내가 넣고 갈 무언가를 생각해본다

이승에서 진 빚 너무 많아서
저세상 가서라도 갚아야 하니
훗날

내 수의에는 주머니를 달아달라고

꼭 말해야겠다

—「수의(壽衣)」 전문

제목에서 드러나다시피 이 작품 역시 죽음에의 선구를 통해 쓴 시이다. 여기서 드러나는 성찰의 특징은, 바로 타자 지향성이다. "이승에서 진 빚 너무 많아서/저세상 가서라도 갚아야" 한다는 진술은 자신의 존재를 타자와의 관계에서 생각하는 시인의 극진한 모습을 잘 보여준다. 그는 죽음을 존재성의 단절이 아니라 연속으로 생각한다. 이승에서 타자들에게 진 마음의 빚이 있다면 사후에라도 갚아야 한다. 이런 성찰은, 그렇지 않았더라면 '비본래적'이었을 죽음 이전의 생을 '본래적'인 것으로 만들어준다. 죽음은 그것을 선구하는 자에게 이렇게 존재사건을 일어나게 해주므로 일종의 축복일 수 있다.

2.

굳이 소크라테스를 원용하지 않더라고 진정한 성찰은 (자신의) '알지 못함'의 상태를 고백하는 데서 시작된다. 현상학적 판단중지(epoché)도 사물에 대한 일상적인 판단을 배제하고 그것을 괄호 안에 묶는 데서 출발한다. 그래야만 경험으로

왜곡되지 않은 순수 의식으로 돌아갈(현상학적 환원) 수 있기 때문이다.

사는 동안
단 한 번도 내가 나를 떠난 적이 없네
그렇다고 나를 다 가지지도 못했네
내가 안고 내가 바친 사랑
그중 어느 한 가지도 내 것이라
말할 자신 없네
아, 안개만 모르네
세상이 내게 보여줬어도 보지 못하네
내 눈과 귀 너무 작아서
너무 흐려서
안개만 모르네 세상이 밝다는 것을
나만 모르네
안개인 나만 나만

—「안개만 모르네」 전문

그는 무엇보다 주관적인 "나"들로 가득 찬 자신의 존재를 고백한다. 나는 너무 많은 "나" 때문에, 그 모든 "나"들의 욕망과 애착 때문에 세상을 제대로 보지 못한다. 역설적이게도 너무 많은 "나"들이 나의 귀와 눈을 작게 만들고 흐리게 만든다.

그 수많은 "나"들의 아집이 나의 시야에 "안개"를 만든다. "안개"는 인지의 불모상태이다. 시인은 "나만 모르네"라는 고백을 통하여 자신을 존재의 영도(零度) 상태에 완전히 내려놓는다. 내가 아무것도 알지 못하는 상태에 있다는 자각, 존재의 이와 같은 '영도 선언'이야말로 모든 진정한 성찰의 출발이다.

산이란 산은 다 사람 말을 알아듣지만
그중 낮게 사는 민둥산이
제일 귀가 밝다
사람들은 속마음을 들킬까 봐
마을과 같이 사는 민둥산에서는
말조심을 한다
산이 자신의 몸 한 자락을 내려
세상에 발을 걸치거나
귀를 댄 민둥산
경박한 누군가가 흘린 말이
메아리가 될까 봐
민둥산엔 나무들조차 키를 낮추고 산다
낮게 살아야 오래 산다는 걸
산이 알고 나무가 알고
하다못해 이따금씩 들리는 바람도 안다
안타깝게도 사람들만 모르고 산다

—「민둥산」 전문

자아의 과잉이 인지의 불모상태를 만든다면, 인지의 풍요상태는 자아를 죽임으로써 도래한다. 이 시에서 "민둥산"은 욕심과 애착과 이기심과 나쁜 주관성을 다 지운 상태를 상징한다. 게다가 이 시에서의 민둥산은 산 중에서도 "그중 낮게 사는" 산으로 묘사된다. 시인은 자아를 죽이고 자신을 가장 낮춘 상태의 민둥산이 "귀가 제일 밝다"고 말한다. 이렇게 해서 시인의 도달하는 성찰의 중간 경유지는 바로 "민둥산"이다. 그는 자기 안에 가득 찬 자아들을 지우고 가장 낮아져서 가장 귀가 밝은 상태가 되기를 원한다.

동박새 안 울어도 동백은 피고
쑥국새 안 울어도 쑥은 쑥쑥 자란다
자랄 것은 자라고
질 것은 진다는 진리의 말이나
외로우니까 시를 쓴다는 시인의 말이나
그 말이 그 말 같은 오후
동구 밖에도 고샅길에도
알밤 같은 아이들이 무럭무럭 뛰어논다
그 마을에는 누가 말을 안 해도
때가 되면

어른들은 산으로 가고
아이들은 학교로 간다

—「그 마을에는」 전문

욕망을 비우고 자아를 "민둥산"의 상태로 만들 때, 비로소 세상이 보이고 지혜가 들어오기 시작한다. 이런 식의 자기 수양의 단계를 넘고 나면 비로소 세상의 이치가 눈에 들어오기 시작한다. 그것은 바로 의지하거나 의식하지 않아도 저절로 굴러가는 세상의 원리이다. 노자는 『도덕경』(37장)에서 "군왕이 능히 도를 지켜 무위하면, 만물은 저절로 생장·변화할 것이다."고 하였다. 노자는 이 대목에서 무위(無爲)의 사회·정치적 층위를 언급하고 있지만, 중요한 것은 바로 "무위"의 보편적 개념이다. 무위란 특별한 의지 없이 '저절로 그렇게 함' 혹은 '저절로 그렇게 됨'의 원리를 말한다. 그것은 자연의 원리이면서 동시에 세상의 원리이다. "동박새 안 울어도 동백은 피고/쑥국새 안 울어도 쑥은 쑥쑥 자란다"는 진술은 정확히 무위자연의 원리를 표현하고 있다. 이 거대한 세상의 이치 앞에서 인간의 말[言]은 "그 말이 그 말" 같다. 시인은 개인과 사회 속에서 "누가 말을 안 해도" 무위자연이 실현되는 공간을 고대한다.

낮은 곳을 채워

땅의 수평을 유지하는 물처럼
사람에게도 눈물이라는 것이 있어
낮은 가슴을 채워
서로의 갸륵함을 건진다

기울거나 해지지 않는
물 같은 사랑이 세상을 적신다

거기 홍건히 피고 자라는
나무와 꽃의 가지런한 평화
더는 낮은 데 없는 수평을 위해
사람들은 안간힘을 쏟는다

—「수평」 전문

집착의 주관성을 지우고 무위의 이치를 따르며 시인은 계속 "낮은 곳"을 찾는다. 우리는 이 대목에서 다시 노자의 "상선약수"를 소환할 수밖에 없다. 노자는 "가장 선한 것은 물과 같고(상선약수), 물은 능히 만물을 이롭게 하면서도 그들과 다투지 않고, 모두가 싫어하는 곳에 처하나니, 그러므로 도에 가깝다."고 하였다. 위 작품은 노자의 이름을 전혀 꺼내지 않으면서도 가장 낮은 곳에서 "수평"을 이루는 물의 미학을 잘 설명하고 있다. 물은 세상의 가장 "낮은 곳"에서 "낮은 가슴"

을 만나는 질료이다. 시인에게 있어서 "사랑"이란 세상의 가장 낮은 곳에서 수평을 이루는 "물 같은" 것이다. "더는 낮은 데 없는" 곳까지 내려가 세상의 모든 것들과 "수평"을 이룰 때, 시인은 비로소 "나무와 꽃의 가지런한 평화"에 도달한다.

3.

앞에서 우리는 시인의 존재물음과 성찰의 계기를 '죽음에의 선구' 개념으로 설명했다. 몸의 노화는 곧 다가올 그러나 아직 오지 않은 죽음에 대한 사유를 촉발한다. 그러나 모든 늙은 몸엔 유년과 청년 그리고 장년의 몸에 대한 기억이 각인되어 있다. 그러므로 죽음에의 선구는 사라진 장밋빛 뺨과 다가올 잿빛 죽음 사이에서 발생한다.

> 삼키지 못하고 입 안에 물고 있던 말
> 혹시라도 흘릴까 봐 조심했다
> 진즉에 주지 못한 연애편지마냥
> 너에게 닿고픈 마음
> 가슴 들볶다 울고 말았다
>
> —「석류」 전문

미국 시인 딜런 토마스(D. Thomas)는 "초록 도화선으로 꽃을 몰아가는 그 힘이/내 초록 나이를 몰고 간다; 나무의 뿌리를 말리는 그 힘이/나의 파괴자이다."(「초록 도화선으로 꽃을 몰아가는 그 힘이」)라고 하였다. 여기에서 "초록 나이"란 젊음을 이야기한다. 젊음을 몰아가는 그 힘이 결국은 "나의 파괴자"란 말이다. 아무도 젊음을 몰아가는 힘이 죽음을 가져온다는 이 놀라운 역설을 부인할 수 없다. 죽음을 초래하는 힘과 젊은 몸을 몰아가는 힘은 같은 것이다. 시간의 도화선은 "석류"처럼 붉은 젊음을, "삼키지 못하고 입 안에 물고 있던" 사랑을 타고 마침내 죽음의 터미널에서 폭발한다. 죽음에의 선구는 이렇게 붉은 석류와 죽음의 종점 사이에서 일어나기에 더욱 절실하다.

> 담 밑에 까치발 든 능소화
> 안에서는 저 담장도 못 넘느냐 성화고
> 밖에서는 거기 있지 주제넘게 왜 넘어왔냐고 난리인데
>
> 엉큼한 년,
> 지나는 바람에 엉덩일 사정없이 내어주고 있네
>
> —「능소화」 전문

죽음을 몰고 온 생명, 늙음을 몰고 온 젊음은 이렇게 또다시 "능소화"의 이름으로 소환된다. 경계 위에서 일탈의 묘기

를 벌이는 것이야말로 모든 청춘의 특권이고 아름다움이다. 죽음에의 선구를 하는 장년의 주체에게 “능소화”의 시간은 이렇게도 찬란하고도 “엉큼한” 것이다. 아직 다가오지 않은 죽음을 먼저 궁구(선구)하면서 시인은 그 죽음의 정거장이 능소화처럼 농염한 시간의 결과임을 안다. 그래서 석류빛 입술과 능소화 같은 사랑이 사라진 노년의 시간은 더욱 쓸쓸할 수밖에 없다. 그러나 그는 안다. 장밋빛 뺨과 석류 같은 입술과 능소화 같은 ‘엉덩이’들은 주체를 욕망과 집착으로 가득 채움으로써 주체를 아무것도 보지 못하는 “안개”로 만든다는 것을. 그리하여 죽음에 대한 가장 선명한 궁구는 모든 것을 다 내려놓는 가을의 시간에 온다는 것을 그는 안다.

익을 건 다 익으셔요
밟히지 않고 꺾이지 않고
단물 문 여름도 무사했으니
보란 듯 자랑해야지요
여러분은 이 가을에 당당할 자격 있습니다
그러니 익을 건 익으셔요
보기 좋게 다 익으셔요

떨어질 건 다 떨어지셔요
그간 매달려 있느라고 애쓰셨어요

지금입니다
손을 놓아도 됩니다
다칠 일 하나 없으니 내려오셔요
성한 몸 감사하면서
씩씩하게 내려오셔요

보낼 건 다 보내셔요
어차피 보낼 거라면
날이 더 추워지기 전에 보내셔요
새벽이슬도 마른 풀잎에는 앉지 않습니다
봉두난발 바람도 기우는 가지는 피해서 간답니다
가을 기도는
붙잡지 않고 보내는 겁니다

—「가을 기도」 전문

떨어질 때 되어서 떨어지고, 보낼 때 되어서 보내는 것이야말로 아무도 간섭할 수 없는 무위자연의 이치 아닌가. 지금까지 살펴본 것처럼, 시인은 나를 지우고, 무위의 세계로 흘러, 세상의 낮은 곳으로 가서 "수평"을 이루는 것을 삶의 최종 목표로 삼고 있다. 이런 생각은 한 걸음 더 나아가 모든 것을 더불어 삶, 즉 "공존"으로 이해하는 경지까지 간다.

산비탈 고구마밭은 다섯 고랑
장마 때 딱 한번 가봤다
개망초며 바랭이 달개비까지
잡풀도 함께 살라고
세상은 섞여 사는 거라고
뽑지 않고 여름 내내 두었다
맘씨 좋게 두었는데도
고구마가 실하다
고랑 한 줄은 캐지 않고 두어야겠다
멧돼지도 먹으라고 그냥 두어야겠다

—「공존」 전문

김병걸이 만난 삶의 최종적인 지평은 얼마나 넉넉한 아름다움인가. 일부러 무엇함이 없이, 강제함이 없이, 세상의 만물들이 저절로 얽혀 사는 무위 상생의 모습은 얼마나 아름다운 여유인가. "그냥 두어야겠다"는 말은 그냥 베푼다는 말보다 더 자유로운 '무위'의 뜻을 담고 있다. 그냥 두어 저절로 흘러가는 세계야말로 그가 꿈꾸는 도의 세계이고 시의 세계이다.

시인동네 시인선 197

퇴고가 필요한 날

초판 1쇄 인쇄 2023년 2월 3일
초판 1쇄 발행 2023년 2월 10일

지은이 김병걸
펴낸이 김석봉
디자인 헤이존
펴낸곳 문학의전당
출판등록 제448-251002012000043호
주소 충북 단양군 적성면 도곡파랑로 178
전화 043-421-1977
전자우편 sbpoem@naver.com

ISBN 979-11-5896-584-6 03810